고려대
재미있는
한국어

말하기 Speaking

고려대학교 한국어센터 편

3

KU PRESS
고려대학교출판문화원

고려대학교 한국어센터는 1986년 설립된 이래 한국어와 한국 문화를 재미있게 배우고 효과적으로 가르치는 방법을 연구해 왔습니다. 《고려대 한국어》와 《고려대 재미있는 한국어》는 한국어센터에서 내놓는 세 번째 교재로 그동안 쌓아 온 연구 및 교수 학습의 성과를 바탕으로 하고 있습니다.

이 책의 가장 큰 특징은 한국어를 처음 접하는 학습자도 쉽게 배워서 바로 사용할 수 있도록 구성했다는 점입니다. 한국어 환경에서 자주 쓰이는 항목을 최우선하여 선정하고 이 항목을 학습자가 교실 밖에서 사용할 수 있도록 연습 기회를 충분히 그리고 다양하게 제공하고 있습니다.

이 책을 내기까지 많은 분들의 도움을 받았습니다. 먼저 지금까지 고려대학교 한국어센터에서 한국어를 공부한 학습자들께 감사드립니다. 쉽고 재미있는 한국어 교수 학습에 대한 학습자들의 다양한 요구가 없었다면 이 책은 나오지 못했을 것입니다. 그리고 한국어 학습자들의 요구에 부응하기 위해 열정적으로 교육과 연구에 헌신하고 계신 고려대학교 한국어센터의 선생님들께도 감사드립니다.

무엇보다 한국어 학습자와 한국어 교원의 요구 그리고 한국어 교수 학습 환경을 종합적으로 고려한 최상의 한국어 교재를 위해 밤낮으로 고민하고 집필에 매진하신 저자분들께 깊은 감사를 드립니다. 이 밖에도 이 책이 보다 멋진 모습을 갖출 수 있도록 도와주신 고려대학교 출판문화원의 윤인진 원장님과 직원 여러분께도 감사드립니다. 그리고 집필진과 출판문화원의 요구를 수용하여 이 교재에 맵시를 입히고 멋을 더해 주신 랭기지플러스의 편집 및 디자인 전문가, 삽화가의 노고에도 깊은 경의를 표합니다.

부디 이 책이 쉽고 재미있게 한국어를 배우고자 하는 한국어 학습자와 효과적으로 한국어를 가르치고자 하는 한국어 교원 모두에게 도움이 되기를 바랍니다. 또한 앞으로 한국어 교육의 내용과 방향을 선도하는 역할도 아울러 할 수 있게 되기를 희망합니다.

2020년 9월

국제어학원장 김정숙

이 책의 특징

《고려대 한국어》와 《고려대 재미있는 한국어》는 '형태를 고려한 과제 중심 접근 방법'에 따라 개발된 교재입니다. 《고려대 한국어》는 언어 항목, 언어 기능, 문화 등이 통합된 교재이고, 《고려대 재미있는 한국어》는 말하기, 듣기, 읽기, 쓰기로 분리된 기능 교재입니다.

《고려대 한국어》 3A와 3B가 100시간 분량, 《고려대 재미있는 한국어》 말하기, 듣기, 읽기, 쓰기가 100시간 분량의 교육 내용을 담고 있습니다. 200시간의 정규 교육 과정에서는 여섯 권의 책을 모두 사용하고, 100시간 정도의 단기 교육 과정이나 해외 대학 등의 한국어 강의에서는 강의의 목적이나 학습자의 요구에 맞는 교재를 선택하여 사용할 수 있습니다.

<고려대 재미있는 한국어>의 특징

▶ **한국어 사용 환경에 놓이지 않은 학습자도 쉽게 배울 수 있습니다.**
  • 한국어 표준 교육 과정에 맞춰 성취 수준을 낮췄습니다. 핵심 표현을 정확하고 유창하게 사용하는 것이 목표입니다.
  • 제시되는 언어 표현을 통제하여 과도한 입력의 부담 없이 주제와 의사소통 기능에 충실할 수 있습니다.
  • 알기 쉽게 제시하고 충분히 연습하는 단계를 마련하여 학습한 내용의 이해에 그치지 않고 바로 사용할 수 있습니다.

▶ **학습자의 동기를 이끄는 즐겁고 재미있는 교재입니다.**
  • 한국어 학습자가 가장 많이 접하고 흥미로워하는 주제와 의사소통 기능을 다룹니다.
  • 한국어 학습자의 특성과 요구를 반영하여 실제적인 자료를 제시하고 유의미한 과제 활동을 마련했습니다.
  • 한국인의 언어생활, 언어 사용 환경의 변화를 발 빠르게 반영했습니다.
  • 친근하고 생동감 있는 삽화와 입체적이고 감각적인 디자인으로 학습의 재미를 더합니다.

<고려대 재미있는 한국어 3>의 구성

▶ 말하기 18단원, 듣기 12단원, 읽기 12단원, 쓰기 12단원으로 구성하였으며 한 단원은 내용에 따라 1~4시간이 소요됩니다.

▶ 각 기능별 단원 구성은 아래와 같습니다.

말하기

도입	배워요 1~2	말해요 1~3	자기 평가
학습 목표 생각해 봐요	주제, 기능 수행에 필요한 어휘와 문법 제시 및 연습	• 형태적 연습/유의적 연습 • 의사소통 말하기 과제 • 역할극/인터뷰/게임 등	

듣기

도입	들어요 1	들어요 2~3	자기 평가	더 들어요
학습 목표 생각해 봐요	어휘나 표현에 집중한 부분 듣기	주제, 기능과 관련된 다양한 듣기		표현, 기능 등이 확장된 듣기

읽기

도입	읽어요 1	읽어요 2~3	자기 평가	더 읽어요
학습 목표 생각해 봐요	어휘나 표현에 집중한 부분 읽기	주제, 기능과 관련된 다양한 읽기		표현, 기능 등이 확장된 읽기

쓰기

도입	써요 1	써요 2	자기 평가
학습 목표	어휘나 표현에 집중한 문장 단위 쓰기	주제, 기능에 맞는 담화 차원의 쓰기	

▶ 교재의 앞부분에는 '이 책의 특징'을 배치했고, 교재의 뒷부분에는 '정답'과 '듣기 지문'을 부록으로 넣었습니다.

▶ 모든 듣기는 MP3 파일 형태로 내려받아 들을 수 있습니다.

<고려대 재미있는 한국어 3>의 목표

새로운 생활, 나의 성향, 공공 규칙, 생활비 관리 등 중급 수준에서 다루어야 하는 개인적, 사회적 주제에 대해 단락 단위로 이해하고 표현할 수 있습니다. 동아리 가입, 여행 계획 세우기, 공공장소 이용, 생활용품 구입 등을 통해 사회적 관계를 맺거나 사회적 맥락에서의 의사소통 기능을 수행할 수 있습니다. 구어와 문어, 격식체와 비격식체가 사용되는 맥락을 이해하고 정확하고 적절하게 사용할 수 있습니다.

이 책의 특징

단원 제목

- 단원의 제목입니다.

학습 목표

- 단원의 의사소통 목표입니다.

생각해 봐요

- 그림이나 사진을 보며 단원의 주제 또는 기능을 생각해
  봅니다.

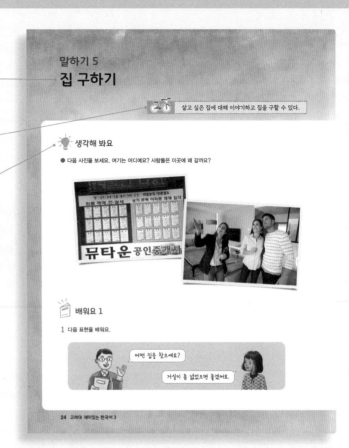

말해요 1~3

- 의사소통 목표를 달성하기 위한 말하기 과제 활동입니다.
- 이야기하기, 역할극, 게임 등으로 활동 유형이 다양하게 제시
  되며 짝 활동, 소그룹 활동, 교실 밖 활동 등으로 방식의 변화
  를 주어 진행합니다.

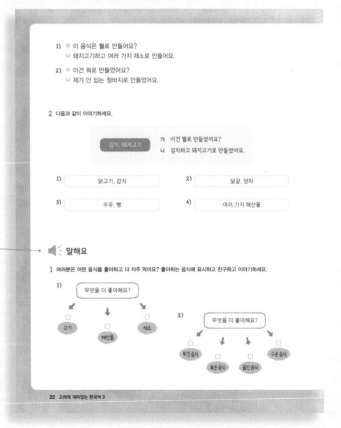

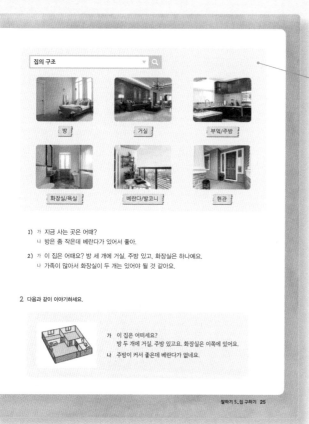

배워요

- 단원의 주제를 표현하거나 의사소통 기능을 수행하는 데 필요한 어휘나 문법 항목입니다.
- 학습한 어휘 및 문법 표현을 숙달하기 위한 말하기 연습 활동입니다.

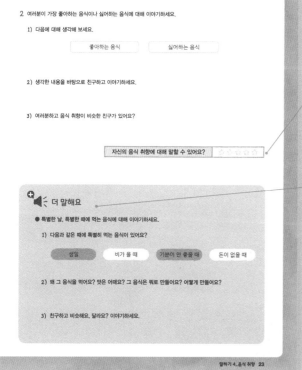

자기 평가

- 학습 목표의 달성 여부를 학습자가 스스로 점검합니다.

더 말해요

- 확장된 말하기 과제 활동입니다. 실제적이고 유의미한 맥락에서 의사소통 목적에 초점을 두고 말하기를 수행합니다.
- 교육 과정이나 학습자 수준에 따라 선택적으로 활동을 합니다.

말하기

차례

자기소개

 격식을 갖춰 여러 사람 앞에서 자기를 소개할 수 있다.

 생각해 봐요

● 다음 사진을 보세요. 이 사람은 무엇을 하고 있어요?

🔊 말해요

1 여러분은 여러 사람 앞에서 자기를 소개한 적이 있어요? 그때 무엇에 대해 어떻게 말했어요? 생각해 보세요.

2 격식적으로 자기소개를 하려고 해요. 무엇에 대해 어떻게 말할지 생각해 보세요.

    1) 이름과 국적

    2) 직업

    3) 한국어에 관심을 갖게 된 계기와 한국어 학습 경험

    4) 앞으로의 계획

    5)

3 소개를 시작할 때의 표현과 끝낼 때의 표현을 배워요.

시작	안녕하십니까?	만나서 반갑습니다.	처음 뵙겠습니다.
끝	제 소개를 마치겠습니다.	들어 주셔서 감사합니다.	

4 여러 사람 앞에서 자기소개를 하세요.

5 격식적으로 자기소개를 잘한 사람은 누구예요? 어떤 점을 알게 되었어요? 더 알고 싶은 것이 있으면 서로 이야기하세요.

격식을 갖춰 여러 사람 앞에서 자기를 소개할 수 있어요?	☆ ☆ ☆ ☆ ☆

말하기 2
문의와 신청

 신청에 필요한 문의를 할 수 있다.

 생각해 봐요

● 다음 사진을 보세요. 무엇에 대한 내용이에요?

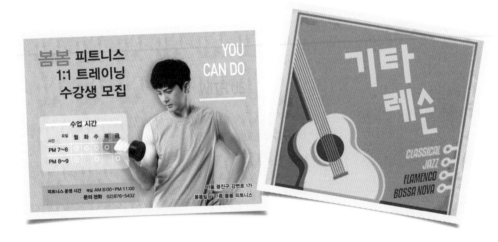

● 여러분은 요즘 새로 배우고 싶은 것이나 관심이 있는 것이 있어요? 학원에 문의를 한다면 무엇을 물어볼지 생각해 보세요.

 배워요

1 다음 표현을 배워요.

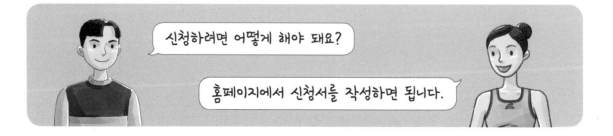

신청 방법	홈페이지, 전화, 직접 방문
제출 서류	가입 신청서, 이력서, 신분증
수강 기간	기간, 요일, 시간, 휴일
수업 분반	평일반, 주말반, 오전반, 오후반, 야간반
	초보자반, 초급반, 중급반, 고급반, 전문가반
수강료	(기간)에 (금액) 원
	할인, 환불

1) 가 수강료는 어떻게 돼요?
   나 한 달에 십만 원입니다.

2) 가 제출해야 되는 서류는 뭐예요?
   나 신청서하고 이력서만 제출하시면 됩니다.

3) 가 제가 처음 배우는 건데 할 수 있을까요?
   나 네. 초보자반도 있습니다.

🔊 말해요

1 관심 있는 학원에 문의하세요.

Ⓐ 1) 다음 중 관심 있는 곳을 하나 선택하세요.

기타 학원	요가 학원

2) 무엇을 물어볼 거예요? 생각해 보세요.

3) 궁금한 내용을 문의하세요.

B **1)** 다음을 보면서 문의 내용에 맞게 대답하세요.

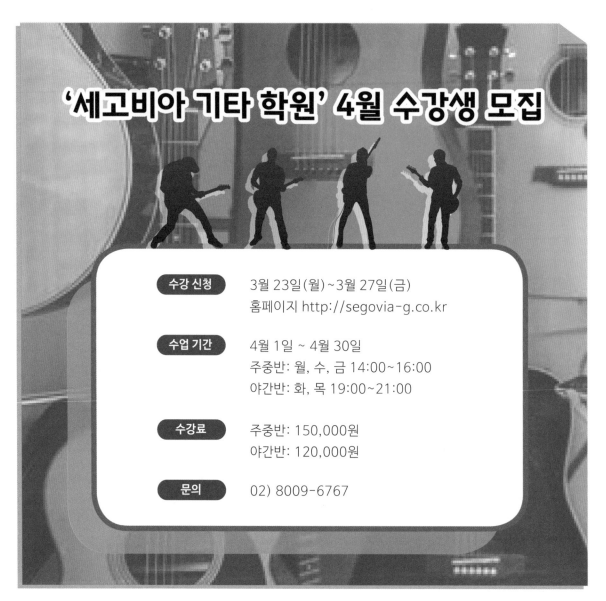

'세고비아 기타 학원' 4월 수강생 모집

수강 신청	3월 23일(월)~3월 27일(금) 홈페이지 http://segovia-g.co.kr
수업 기간	4월 1일 ~ 4월 30일 주중반: 월, 수, 금 14:00~16:00 야간반: 화, 목 19:00~21:00
수강료	주중반: 150,000원 야간반: 120,000원
문의	02) 8009-6767

해피 요가 4월 수강생 모집

수강 신청　3월 20일~3월 31일
　　　　　　　수강 신청 기간에 체험 가능

수업 기간　**월** **수** **금**
　　　　　　　09:30~11:00
　　　　　　　18:00~19:30
　　　　　　　19:30~21:00

수강료　　그룹반: 200,000원
　　　　　　　1대1 맞춤반: 250,000원

문의　　　02) 558-5858

2 역할을 바꿔서 하세요.

3 필요한 정보를 잘 들었어요? 더 궁금한 게 있으면 어떻게 질문하면 좋을지 이야기하세요.

신청에 필요한 문의를 할 수 있어요?　☆ ☆ ☆ ☆ ☆

스무고개 게임

문제를 내고 맞힐 수 있다.

 생각해 봐요

● 다음 사진을 보세요. 뭐라고 생각해요?

● 이것을 설명할 때 어떻게 말할지 생각해 보세요.

 **말해요**

> ✡ 게임 방법
>
> 1. 내가 생각하는 것(물건, 장소, 사람 등)을 한 문장으로 설명하면 다른 친구가 무엇인지 맞히는 게임입니다.
>
> 2. 무엇인지 추측하기 어려운 정보부터 알기 쉬운 정보까지 5개의 문장을 만드세요.
>
> 3. 가장 어려운 설명을 듣고 맞히면 50점, 다음 설명 때 맞히면 40점 식으로 점수가 작아집니다.
>
> 4. 점수를 많이 받은 그룹이 이깁니다.

50점	빨간색 옷, 파란색 옷을 입고 있어요. 이것은 뭘까요?
40점	옷 안의 색깔은 까만색이에요. 이것은 뭘까요?
30점	이것은 사람들이 마시는 음료예요. 이것은 뭘까요?
20점	이것을 빨리 많이 마시면 목이 아파요. 이것은 뭘까요?
10점	햄버거를 먹을 때 같이 마셔요. 이것은 뭘까요?

1 두 그룹으로 나누어 그룹별로 문제를 만드세요.

장소 여기는 어디일까요?

50점	
40점	
30점	
20점	
10점	

물건 이것은 무엇일까요?

50점	
40점	
30점	
20점	
10점	

직업 나는 누구일까요?

50점	
40점	
30점	
20점	
10점	

사람 나는 누구일까요?

50점	
40점	
30점	
20점	
10점	

2 어느 그룹이 설명을 더 잘했어요? 어느 그룹이 더 잘 맞혔어요?

문제를 내고 맞힐 수 있어요?	☆ ☆ ☆ ☆ ☆

말하기 4
음식 취향

 음식 취향에 대해 말할 수 있다.

 생각해 봐요

● 다음 사진을 보세요. 이 사람은 어디에서 무슨 음식을 먹고 있어요?

 배워요

1 다음 표현을 배워요.

 불고기는 무엇으로 만들어요?

소고기로 만들어요.

명사 (으)로 만들다 ▼

1) 가 이 음식은 뭘로 만들어요?
　　나 돼지고기하고 여러 가지 채소로 만들어요.

2) 가 이건 뭐로 만들었어요?
　　나 제가 안 입는 청바지로 만들었어요.

2 다음과 같이 이야기하세요.

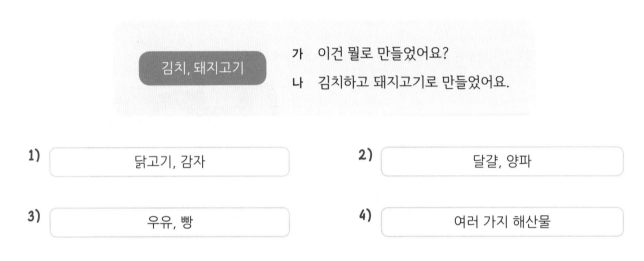

김치, 돼지고기

가　이건 뭘로 만들었어요?
나　김치하고 돼지고기로 만들었어요.

1) 닭고기, 감자

2) 달걀, 양파

3) 우유, 빵

4) 여러 가지 해산물

🔊 말해요

1 여러분은 어떤 음식을 좋아하고 더 자주 먹어요? 좋아하는 음식에 표시하고 친구하고 이야기하세요.

1)

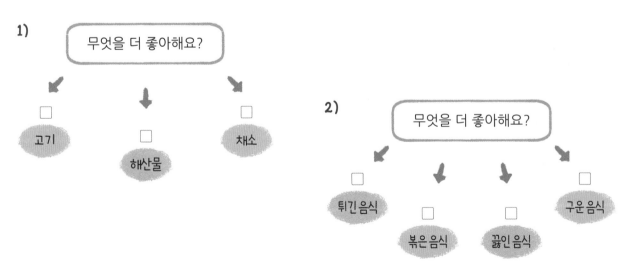

무엇을 더 좋아해요?

□ 고기
□ 해산물
□ 채소

2) 무엇을 더 좋아해요?

□ 튀긴 음식
□ 볶은 음식
□ 끓인 음식
□ 구운 음식

2 여러분이 가장 좋아하는 음식이나 싫어하는 음식에 대해 이야기하세요.

1) 다음에 대해 생각해 보세요.

좋아하는 음식	싫어하는 음식

2) 생각한 내용을 바탕으로 친구하고 이야기하세요.

3) 여러분하고 음식 취향이 비슷한 친구가 있어요?

음식 취향에 대해 말할 수 있어요?

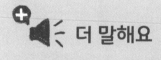 더 말해요

● 특별한 날, 특별한 때에 먹는 음식에 대해 이야기하세요.

1) 다음과 같은 때에 특별히 먹는 음식이 있어요?

생일 　 비가 올 때 　 기분이 안 좋을 때 　 돈이 없을 때

2) 왜 그 음식을 먹어요? 맛은 어때요? 그 음식은 뭐로 만들어요? 어떻게 만들어요?

3) 친구하고 비슷해요, 달라요? 이야기하세요.

말하기 5
집 구하기

 살고 싶은 집에 대해 이야기하고 집을 구할 수 있다.

 생각해 봐요

● 다음 사진을 보세요. 여기는 어디예요? 사람들은 이곳에 왜 갈까요?

 배워요 1

1 다음 표현을 배워요.

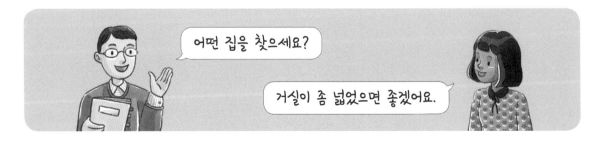

어떤 집을 찾으세요?

거실이 좀 넓었으면 좋겠어요.

집의 구조

 방

 거실

 부엌/주방

 화장실/욕실

 베란다/발코니

 현관

1) 가 지금 사는 곳은 어때?
   나 방은 좀 작은데 베란다가 있어서 좋아.

2) 가 이 집은 어때요? 방 세 개에 거실, 주방 있고, 화장실은 하나예요.
   나 가족이 많아서 화장실이 두 개는 있어야 될 것 같아요.

2 다음과 같이 이야기하세요.

가 이 집은 어떠세요?
    방 두 개에 거실, 주방이 있고요. 화장실은 이쪽에 있어요.
나 주방이 커서 좋은데 베란다가 없네요.

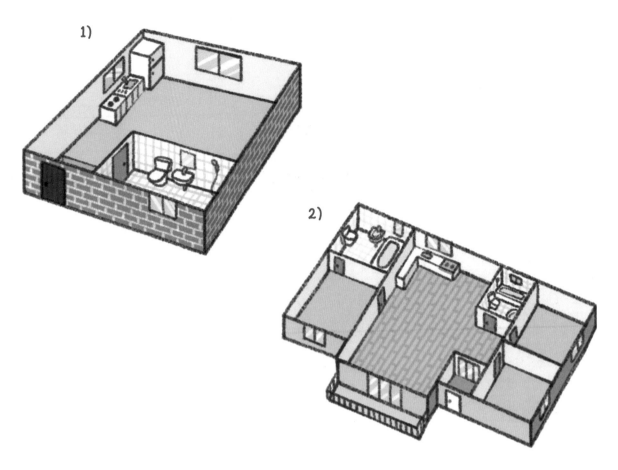

1)

2)

 배워요 2

1 다음 표현을 배워요.

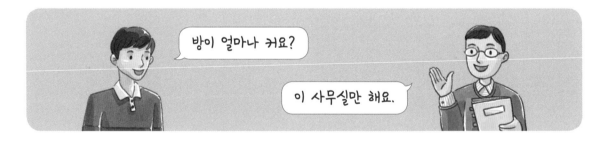

방이 얼마나 커요?

이 사무실만 해요.

1) 가 집이 커요?

　나 아니요, 이 교실 반만 해요.

2) 가 뭐 잃어버리셨어요?

　나 이만 한 박스 못 보셨어요?

명사 만 하다 ▼ 🔍

2 다음과 같이 이야기하세요.

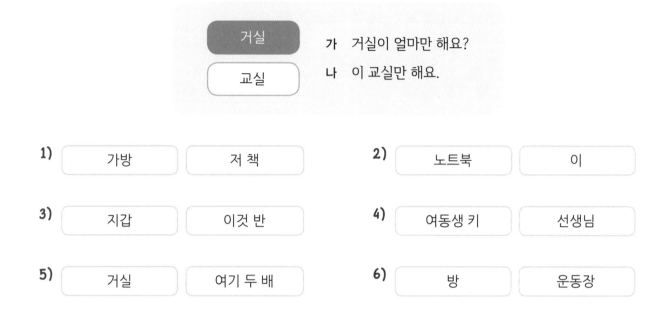

가 거실이 얼마만 해요?

나 이 교실만 해요.

1) 가방 / 저 책

2) 노트북 / 이

3) 지갑 / 이것 반

4) 여동생 키 / 선생님

5) 거실 / 여기 두 배

6) 방 / 운동장

3 지금 살고 있는 집은 어때요? 이야기하세요.

말해요

1 부동산 중개인과 손님이 되어서 방을 구하세요.

손님

1) 원룸을 구하고 있어요. 부동산 중개인하고 이야기하세요.

2) 부동산 중개인의 이야기를 듣고 어떤 집을 선택할지 정하세요.

부동산 중개인

1) 손님이 원룸을 찾고 있어요. 다음을 보고 손님에게 집을 소개하세요.

- ✔ 3층 원룸
- ✔ 1,000만 / 50만
- ✔ 관리비 5만(월)
- ✔ 지하철역 3분

- ✔ 반지하 원룸
- ✔ 600만 / 50만
- ✔ 관리비 ×
- ✔ 가구 ○

2 역할을 바꿔서 하세요.

손님

1) 아파트를 구하고 있어요. 부동산 중개인하고 이야기하세요.

2) 부동산 중개인의 이야기를 듣고 어떤 집을 선택할지 정하세요.

부동산 중개인

1) 손님이 아파트를 찾고 있어요. 다음을 보고 손님에게 집을 소개하세요.

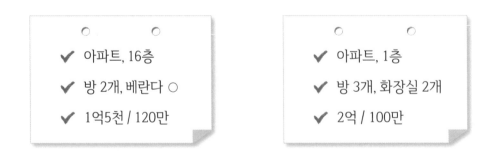

- ✔ 아파트, 16층
- ✔ 방 2개, 베란다 ○
- ✔ 1억5천 / 120만

- ✔ 아파트, 1층
- ✔ 방 3개, 화장실 2개
- ✔ 2억 / 100만

3 어떤 집을 선택했어요? 왜 그 집을 선택했어요? 친구하고 이야기하세요.

살고 싶은 집에 대해 이야기하고 집을 구할 수 있어요? ☆ ☆ ☆ ☆ ☆ ☆

28 고려대 재미있는 한국어 3

말하기 6
공항 이용

 공항과 비행기 안에서 필요한 대화를 할 수 있다.

생각해 봐요

● 다음 사진을 보세요. 여기는 어디예요? 이 사람들은 무슨 이야기를 하고 있을까요?

말해요 1

1 비행기를 타려고 공항에 왔어요. 다음과 같이 이야기하세요.

여권 좀 보여 주시겠습니까?

네, 여기 있습니다.

창가 좌석으로 드릴까요? 통로 쪽으로 드릴까요?

창가 자리로 주세요.

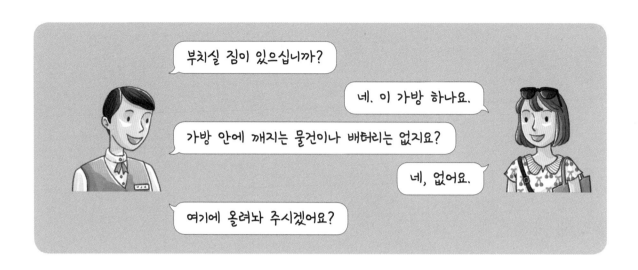

2 비행기를 탄 후 승무원과 나누는 대화입니다. 다음과 같이 이야기하세요.

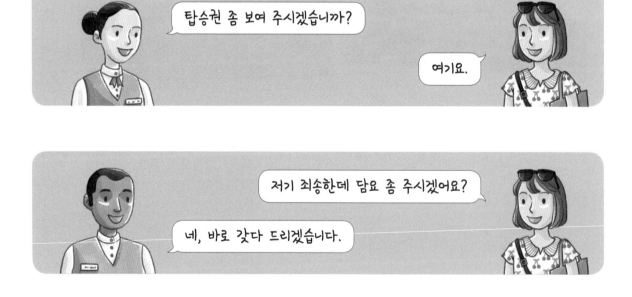

3 여러분도 승객과 승무원이 되어 이야기하세요.

🔊 말해요 2

1 공항에 도착해서 숙소로 가려고 해요. 무엇을 타고 갈 거예요? 생각해 보세요.

공항 철도　　　공항버스　　　택시

2 공항 안내 데스크에 가서 교통편을 물어볼 거예요. 다음과 같이 이야기하세요.

명동에 가려면 어떻게 가야 돼요?

공항버스나 공항 철도를 타면 됩니다.

공항버스 타는 곳은 어디예요?

3번 게이트로 나가시면 있습니다.

공항 철도는 어디에서 타요?

에스컬레이터를 타고 한 층 더 내려가야 돼요.

3 여러분도 승객과 안내 데스크 직원이 되어 이야기하세요.

공항과 비행기 안에서 필요한 대화를 할 수 있어요?　☆ ☆ ☆ ☆ ☆

호텔 이용

호텔에서 문의하거나 요청할 수 있다.

 생각해 봐요

● 다음 사진을 보세요. 여기는 어디예요? 이 사람들은 무슨 이야기를 하고 있을까요?

🔊 **말해요 1**

1 호텔에서 쓰는 표현을 배워요.

호텔 이용 ▼ 🔍

예약하다	변경하다	취소하다	추가하다
체크인하다	체크아웃하다		짐을 맡기다
객실(싱글룸, 트윈룸, 더블룸 / 1인실)		객실 번호	객실 키
와이파이	냉방	난방	조식

2 호텔에 도착해서 체크인을 할 거예요. 다음과 같이 이야기하세요.

3 체크인을 하면서 필요한 것을 더 문의할 거예요. 다음과 같이 이야기하세요.

4 호텔 방에 들어왔는데 더 필요한 것이 있어요. 다음과 같이 이야기하세요.

5 체크아웃을 할 거예요. 다음과 같이 이야기하세요.

6 체크아웃을 하면서 짐을 맡길 거예요. 다음과 같이 이야기하세요.

🔊 말해요 2

1 여러분도 손님과 호텔 직원이 되어 이야기하세요.

호텔에서 문의하거나 요청할 수 있어요?	☆ ☆ ☆ ☆ ☆

말하기 8
문화생활

 문화생활에 대해 이야기할 수 있다.

 생각해 봐요

● 다음 사진을 보세요. 여러분이 자주 하는 문화생활은 무엇이에요?

 배워요

1 다음 표현을 배워요.

 문화생활을 자주 하는 편이에요?

네. 뮤지컬을 좋아해서 즐겨 봐요.

문화생활

음악회

미술 전시회

경기 관람

축제/행사

공연

뮤지컬

연극

무용

콘서트

1) 가 미술 전시회에 자주 가세요?

　 나 그림에는 관심이 별로 없어서 자주 안 가고요. 축구장이나 야구장에는 자주 가요.

2) 가 콘서트 티켓이 있는데 같이 갈래요?

　 나 좋아요. 누구 콘서트예요?

2 다음 표현을 배워요.

어제 본 연극은 어땠어요?

이야기가 유치해서 조금 실망스러웠어요.

문화생활 감상

최고	감동적이다	인상적이다	만족스럽다
보통	볼 만하다 / 갈 만하다 / 할 만하다		그저 그렇다
최악	실망스럽다	지루하다	유치하다	돈이 아깝다

1) 가 뮤지컬 재미있었어요?
   나 네, 너무 감동적이었어요. 꼭 한번 보세요. 정말 추천해요.

2) 가 지난주 행사는 어땠어요?
   나 준비도 잘 안 한 것 같고 좀 지루했어요.

🔊 말해요

1 여러분이 최근에 한 문화생활에 대해 친구하고 이야기하세요.

1) 어떤 문화생활을 했어요? 언제, 어디에서, 누구하고 했어요?

2) 그것은 어떤 특징이 있어요?

3) 그것에 대한 사람들의 감상은 어땠어요? 여러분은 어떻게 느꼈어요?

2 앞으로 해 보고 싶은 문화생활이 있어요? 아니면 친구에게 추천해 주고 싶은 게 있어요? 이야기하세요.

문화생활에 대해 이야기할 수 있어요?   ☆ ☆ ☆ ☆ ☆

말하기 9
공공 기관 이용

공공 기관에서 한국어로 말할 수 있다.

생각해 봐요

● 다음 사진을 보세요. 여기는 어디일까요?

말해요 1

1 은행에서 쓰는 표현을 배워요.

통장을 만들다

체크 카드를 만들다

돈을 찾다(출금하다)

돈을 보내다(송금하다)

인터넷 뱅킹을 신청하다

등록금을 납부하다

신분증

비밀번호

사인/서명

수수료

인터넷 뱅킹을 신청하려고 하는데요.

신분증 주시고 여기 신청서를 작성해 주세요.

네, 알겠습니다.

그리고 여기에 사인을 해 주세요.

2 다음을 이야기하세요.

1)

손님	직원
해외로 돈을 보내다	
	신분증을 주다, 신청서를 작성하다
○	
	수수료도 확인하다

2)

손님	직원
체크 카드를 만들다	
	신분증을 주다, 신청서를 작성하다
○	
	비밀번호를 누르다

🔊 말해요 2

1 우체국에서 쓰는 표현을 배워요.

편지를 보내다/부치다

소포를 포장하다

택배/소포를 보내다

저울에 올려놓다

미국으로 택배를 보내려고 하는데요.

여기에 주소를 쓰고 물건을 저울 위에 올려놓으세요.

네, 알겠습니다. 도착하는 데에 얼마나 걸려요?

3, 4일 정도 걸려요.

2 다음을 이야기하세요.

1)

손님	직원
택배를 보내다	
	여기에 주소를 쓰다, 물건을 저울 위에 올려놓다
○, 박스에 포장해야 되다?	
	○, 저쪽에서 포장하다

2)

손님	직원
소포를 부치다	
	여기에 주소를 쓰다, 물건을 저울 위에 올려놓다
○, 빨리 가는 것은 얼마이다?	
	3만 원이다

말해요 3

1 출입국관리소에서 쓰는 표현을 배워요.

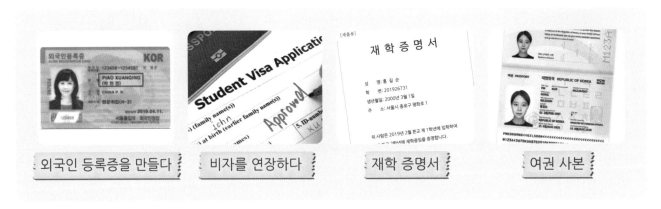

외국인 등록증을 만들다   비자를 연장하다   재학 증명서   여권 사본

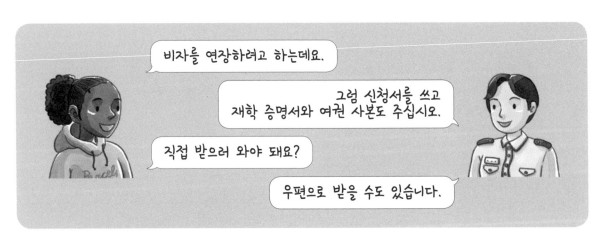

비자를 연장하려고 하는데요.

그럼 신청서를 쓰고
재학 증명서와 여권 사본도 주십시오.

직접 받으러 와야 돼요?

우편으로 받을 수도 있습니다.

2 다음을 이야기하세요.

1)

손님	직원
비자를 연장하다	
	신청서를 쓰다, 재학 증명서와 여권 사본을 주다
수수료는 얼마이다?	
	6만 원이다

2)

손님	직원
외국인 등록증을 발급 받다	
	신청서를 쓰다, 재학 증명서와 여권 사본을 주다
발급 받는 데에 시간이 얼마나 걸리다?	
	4,5주쯤 걸리다

공공 기관에서 한국어로 말할 수 있어요?	☆ ☆ ☆ ☆ ☆

부탁과 거절

 부탁과 거절을 할 수 있다.

 생각해 봐요

● 다음 사진을 보세요. 무엇을 나타내고 있어요?

● 여러분은 다른 사람에게 부탁을 한 적이 있어요? 다른 사람의 부탁을 들어준 적이 있어요? 다른 사람의 부탁을 거절한 적이 있어요?

말해요 1

1 다음과 같이 이야기하세요.

미안한데, 돈 좀 빌려줘.

그래, 빌려줄게.

저 부탁이 있는데요.

네, 무슨 부탁이에요?

발표문 좀 고쳐 주실 수 있으세요?

네, 고쳐 줄게요.

부탁 ▼ 🔍

돈을 빌려주다

발표문을 고쳐 주다

친구한테 책을 전해 주다

약을 사다 주다

2 한 사람은 부탁을 하고 다른 사람은 부탁을 들어주세요.

1) 선배 | 면접 준비를 도와주다

2) 친구 | 콘서트 티켓을 예매해 주다

3) 선생님 | 추천서를 써 주다

4) 선배 | 한국어 잘하는 방법을 알려 주다

5) 후배 | 웨이 씨한테 책을 전해 주다

6) 친구 | 편의점에서 우유를 사다 주다

3 다음과 같이 이야기하세요.

가 저, 선배. 이것 좀 가르쳐 줄 수 있어요?

나 미안해. 지금 회의가 있어서 시간이 안 될 것 같아.

거절 ▼ 🔍

시간이 안 되다   도와주기 어렵다   못 들어주다

4 한 사람은 부탁을 하고 다른 사람은 부탁을 듣고 거절하세요.

1) 선배 — 점심을 사 주다

2) 친구 — 돈을 빌려주다

3) 친구 — 시험공부를 도와주다

4) 선생님 — 발표문을 고쳐 주다

5) 후배 — 약국에서 약을 사다 주다

6) 선생님 — 한국 친구를 소개해 주다

🔊 말해요 2

1 친구나 선생님에게 부탁을 하세요. 친구와 선생님은 부탁을 들어주거나 거절하세요.

발표 준비가 너무 힘들어요.

좋은 집 찾는 방법을 알고 싶어요.

아픈데 약을 사러 갈 수 없어요.

부탁과 거절을 할 수 있어요?	☆ ☆ ☆ ☆ ☆

말하기 11
물건 정보

 알고 있는 정보를 다른 사람에게 말할 수 있다.

 생각해 봐요

● 다음 사진을 보세요. 무엇에 대한 광고예요?

 **말해요 1**

1 다음과 같이 이야기하세요.

백화점에서 할인을 하다	가 백화점에서 할인을 하더라고요.
전자 제품도 할인하다?	나 아, 그래요? 전자 제품도 할인한대요?
전자 제품도 하다	가 네, 전자 제품도 한대요.

1)

저 헤어드라이어를 쓰는 사람이 많다

사용하기 편하다?

사용하기도 편하고 가볍다

2)

냉장고는 저 회사 걸 많이 쓰다

그 회사 게 좋다?

저렴하고 A/S도 잘되다

3)

저 가게에서 가구를 사는 사람이 많다

가구 종류가 많다?

종류도 많고 배송이 빠르다

4)

저 식당은 갈비탕이 맛있다

배달도 되다?

배달도 되고 포장해 갈 수도 있다

🔊 말해요 2

1 물건에 대한 정보를 이야기하세요.

A **1)** 다음 중 관심 있는 것을 하나 선택하세요.

| 선풍기 | 드라이어 | 프라이팬 |

2) 어떤 정보가 궁금해요? 친구에게 정보를 물어보세요.

3) 정보를 듣고 어떤 것을 살지 결정하세요.

B 1) 다음 물건에 대한 정보를 확인한 후 친구에게 알려 주세요.

 선풍기

60,000원
옮기기 편하다

75,000원
→50,000원
고장이 잘 안 나다

 드라이어

80,000원
디자인이 예쁘다
가볍다

50,000원
기능이 다양하다
3년 A/S 가능

프라이팬

35,000원
조금 무겁다
오래 쓸 수 있다

9,900원
디자인이 예쁘다
1+1

2 역할을 바꿔서 하세요.

알고 있는 정보를 다른 사람에게 말할 수 있어요?

말하기 12
인터뷰

 생각해 봐요

● 다음 사진을 보세요. 이 사람은 무엇을 하고 있어요?

말해요

1 한국 사람을 인터뷰할 거예요. 먼저 질문지를 만드세요.

1) '내게 특별한 사람'에 대해 인터뷰하려고 해요. 질문할 내용을 생각해 보세요.

특별한 사람의 이름	나와의 관계	그 사람을 만나게 된 계기
그 사람이 특별한 이유	그 사람하고의 특별한 일	지금 그 사람은

2) 다음에 대해 어떻게 질문할 거예요? 표현을 생각해 보세요.

✔ 인터뷰하는 사람에 대해

성함	
직업/소속	

✔ '내게 특별한 사람'에 대해

①

②

③

④

⑤

⑥

⑦

⑧

3) 인터뷰를 어떻게 시작해야 할까요? 다음 표현을 배워요.

> 안녕하세요? 저는 ~~는 ○○○입니다.
>
> '내게 특별한 사람'에 대해 인터뷰를 하려고 합니다.
>
> 시간 좀 내주실 수 있으십니까?

4) 인터뷰를 마칠 때 인사는 어떻게 할까요? 다음 표현을 배워요.

> 바쁘신데 인터뷰를 해 주셔서 감사합니다.

5) 위의 내용을 바탕으로 자연스러운 인터뷰를 할 수 있게 질문지를 만드세요.

2 한국 사람을 만나서 인터뷰를 하세요.

3 인터뷰는 어땠어요? 내가 한 인터뷰에 대해 우리 반 친구들과 이야기하세요.

인터뷰를 할 수 있어요?	☆ ☆ ☆ ☆ ☆

말하기 13
묘사

 형용사를 다양하게 사용해 상황을 묘사할 수 있다.

 생각해 봐요

● 다음 사진을 보세요. 사진을 자세하게 묘사할 수 있어요?

 배워요

1 다음 표현을 배워요.

높다	낮다	깊다	얕다
넓다	좁다	길다	짧다
두껍다	얇다	딱딱하다	부드럽다
진하다	연하다	강하다/세다	약하다
동그랗다	네모나다	세모나다	뾰족하다

1) 가 호수가 정말 깨끗하네요.

나 그렇죠? 너무 깨끗해서 얕아 보이는데 사실은 아주 깊어요.

2) 가 누나, 미안. 내가 누나 아이스크림 먹었어.

나 괜찮아. 누나가 마음이 넓잖아. 내일 두 개 더 사 올 거지?

2 다음과 같이 이야기하세요.

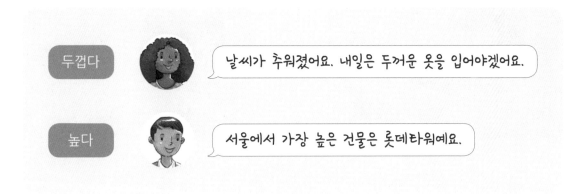

두껍다 — 날씨가 추워졌어요. 내일은 두꺼운 옷을 입어야겠어요.

높다 — 서울에서 가장 높은 건물은 롯데타워예요.

🔊 말해요 1

1 다음 그림을 설명하세요.

A 다음 그림 중 하나를 골라 친구에게 자세히 설명하세요.

B 친구의 설명을 듣고 그림을 그리세요.

2 역할을 바꿔서 하세요.

Ⓐ 친구의 설명을 듣고 그림을 그리세요.

Ⓑ 다음 그림 중 하나를 골라 친구에게 자세히 설명하세요.

3 책에 있는 그림과 친구의 그림을 같이 보면서 무엇이 같고 무엇이 다른지 이야기하세요.

🔊 말해요 2

1 다음에 대해 자세히 설명하세요.

지금 내가 가지고 있는 물건	내가 좋아하는 사람
지금 살고 있는 집	자기 나라의 유명한 관광 장소

형용사를 다양하게 사용해 상황을 묘사할 수 있어요? ☆ ☆ ☆ ☆ ☆

말하기 14
아르바이트 면접

하고 싶은 아르바이트를 구할 수 있다.

 생각해 봐요

● 다음 사진을 보세요. 여러분은 어떤 아르바이트를 해 보고 싶어요?

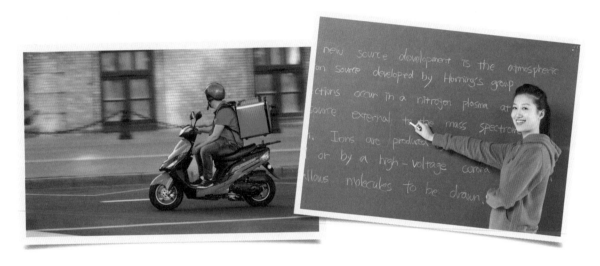

 배워요

1 다음 표현을 배워요.

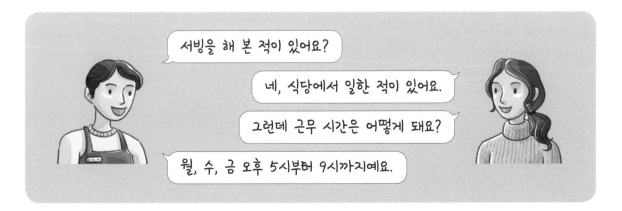

서빙을 해 본 적이 있어요?

네, 식당에서 일한 적이 있어요.

그런데 근무 시간은 어떻게 돼요?

월, 수, 금 오후 5시부터 9시까지예요.

아르바이트 종류 ▽ 🔍

편의점에서 일하다 서빙하다 배달하다 과외를 하다

아르바이트 조건 ▽ 🔍

하는 일	시급	근무 시간, 쉬는 날
위치	면허증, 자격증	경험 유무

2 여러분은 어떤 아르바이트를 해 봤어요? 앞으로 어떤 아르바이트를 하고 싶어요? 친구하고 이야기하세요.

🔊 말해요

1 아르바이트를 구하는 면접을 하세요.

가게 사장

1) 어떤 아르바이트생을 뽑을 거예요? 다음에 대해 생각해 보세요.

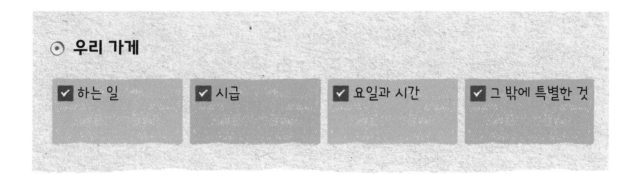

우리 가게

☑ 하는 일　　☑ 시급　　☑ 요일과 시간　　☑ 그 밖에 특별한 것

2) 아르바이트생을 만나서 면접을 하세요.

3) 어떤 아르바이트생을 뽑았어요? 이유를 이야기하세요.

아르바이트생

1) 아르바이트를 할 곳을 찾고 있어요. 여러분이 물어보고 싶은 게 무엇인지 생각해 보세요.

2) 사장님을 만나서 면접을 보세요.

3) 어떤 가게가 가장 마음에 들어요? 이유를 이야기하세요.

2 역할을 바꿔서 하세요.

하고 싶은 아르바이트를 구할 수 있어요?　

말하기 15
분실물 신고

 잃어버린 물건에 대해 설명할 수 있다.

 생각해 봐요

● 다음 사진을 보세요. 여기는 어디예요? 언제 이곳에 갈까요?

 배워요

1 다음 표현을 배워요.

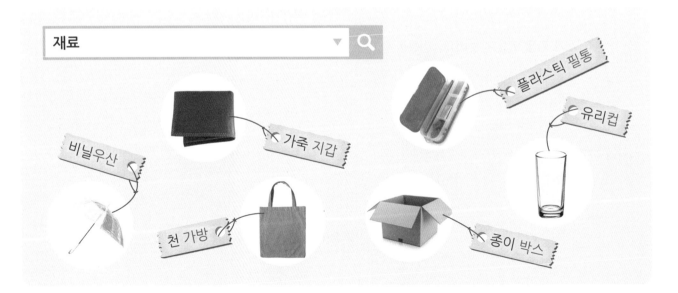

1) 가 잃어버린 가방은 어떻게 생겼습니까?
   나 하늘색 천 가방인데 앞에 인형이 달려 있어요.

2) 가 지갑은 찾았어?
   나 지갑은 찾았는데 안에 들어 있던 카드랑 돈이 다 없어졌어.

3) 가 엄마, 강아지 그림 그려져 있는 제 티셔츠 못 봤어요?
   나 어제 입은 그 티셔츠? 그거 소파 위에 있더라.

2 다음과 같이 이야기하세요.

가   우산이 어떻게 생겼어요?
나   파란색이고 별 그림이 그려져 있어요.

1)

2)

3)

4)

🔊 말해요

1 다음과 같이 이야기하세요.

어떻게 오셨습니까?

지갑을 잃어버려서요.

어디에서 잃어버렸습니까?

2층 여자 화장실에 두고 온 것 같아요.

지갑이 어떻게 생겼습니까?

까만색 가죽 지갑인데 안에 학생증이 들어 있어요.

연락처 남겨 주시면 확인해 보고 연락드리겠습니다.

네, 감사합니다.

1)

2)

2 여러분은 무엇을 잃어버렸어요? 잃어버린 물건에 대해 위와 같이 이야기하세요.

물건

장소

시간

특징

잃어버린 물건에 대해 설명할 수 있어요? ☆ ☆ ☆ ☆ ☆

서사

시간의 흐름에 맞게 경험을 이야기할 수 있다.

생각해 봐요

● 다음 사진을 보세요. 여자에게 무슨 일이 있었을까요? 이어질 이야기를 생각해 보세요.

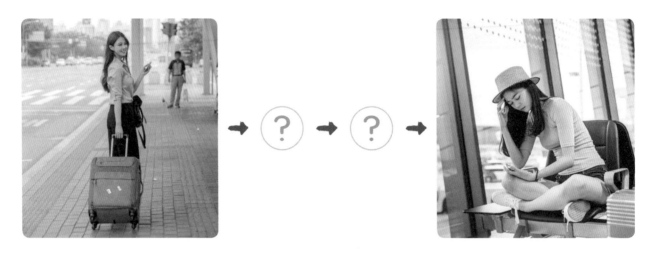

🔊 말해요 1

1 이 사람의 하루에 대해 이야기하세요.

1) 하루 이야기의 시작입니다. 읽으세요.

> 휴일인 어느 날, 줄리 씨는 집에서 쉬고 있었어요.
> 소파에 누워서 과자를 먹으면서 TV를 보고 있었지요.

2) 그 후 무슨 일이 생겼을까요? 추측해 보세요.

3) 하루 일을 생각하면서 그림의 순서를 정하세요.

4) 순서에 맞게 이야기하세요.

2 다른 친구들의 이야기와 비교하세요. 누구의 이야기가 가장 자연스러워요?

🔊 말해요 2

1 '나의 하루 이야기'를 만드세요.

1) 이야기의 시작입니다. 읽으세요.

> 그날은 아침부터 날씨가 정말 화창했어요. 나는 친구하고 바다에 가는 중이었어요.

2) 그런데 무슨 일이 생겼어요? 사진을 보면서 이야기하세요.

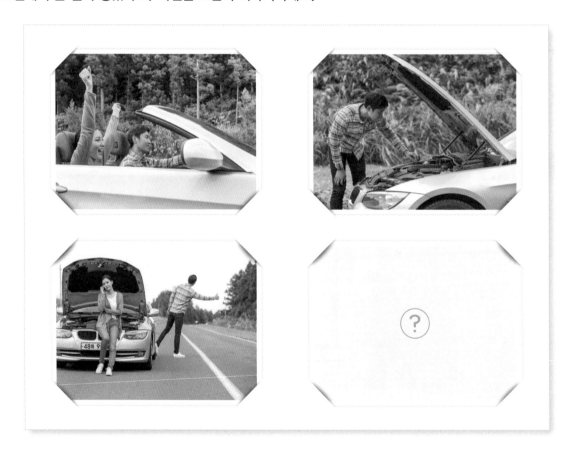

3) 마지막에는 어떤 일이 생겼을까요? 이야기하세요.

2 다른 친구들의 이야기와 비교하세요. 누구의 이야기가 가장 재미있어요?

시간의 흐름에 맞게 경험을 이야기할 수 있어요? ☆ ☆ ☆ ☆ ☆

공공장소 규칙

 공공장소에서 지켜야 할 규칙에 대해 말할 수 있다.

생각해 봐요

● 다음 사진을 보세요. 이 차의 주인은 어떤 규칙을 지키지 않았을까요?

 말해요 1

1 무엇을 하면 안 돼요? 다음 그림을 보고 이야기하세요.

2 다음 문장을 보고 알맞은 그림의 번호를 쓰세요.

1)	반려동물을 데리고 들어가면 안 됩니다.	4
2)	휴대폰을 사용하면 안 됩니다.	
3)	들어가면 안 됩니다.	
4)	담배를 피우지 마십시오.	
5)	손대지 마십시오. / 만지지 마십시오.	
6)	쓰레기를 버리지 마십시오.	
7)	음식물을 가지고 들어가면 안 됩니다.	
8)	사진을 찍으면 안 됩니다.	

🔊 말해요 2

1 무엇을 하면 안 돼요? 다음 표현을 보고 추측해 보세요.

| 금연 | 출입 금지 | 사진 촬영 금지 |

| 휴대폰 사용 금지 | 음식물 반입 금지 |

2 여러분의 추측이 맞는지 앞의 그림을 보면서 확인하세요.

3 다음과 같이 이야기하세요.

가 여기에서 담배를 피워도 돼요?

나 아니요, 여기는 금연이에요. 담배를 피우면 안 돼요.

① 　② 　③ 　④

4 다음 장소에서 무엇을 하면 안 되는지 이야기하세요.

| 우리 교실 | 지하철 | 영화관 |

공공장소에서 지켜야 할 규칙에 대해 말할 수 있어요?　☆ ☆ ☆ ☆ ☆

말하기 18
3급을 마치며

1 이번 학기는 어땠어요? 생각해 보세요.

   1) 무엇이 가장 좋았고 무엇이 가장 힘들었어요?

   2) 한국어 실력은 늘었어요?

2 이번 학기 우리 반 학생들은 어땠어요? 생각해 보세요.

   1) 수업에 성실하게 참여했어요?

   2) 처음 만났을 때보다 많이 달라진 사람은 누구예요?

   3) 우리 반에서 가장 _____ 사람은 누구예요?

3 한 학기를 마치면서 우리 반 학생들에게 상장을 주려고 해요. 어떤 상을 어떤 사람에게 줄 거예요? 생각해 보세요.

4 다음과 같이 상장에 넣을 내용을 만들어 보세요.

> 이 학생은 한 학기 동안 _가장 한국어 실력이 많이 늘어서_ 이에 상장을 드립니다.

> 이 학생은 한 학기 동안 _____ 이에 상장을 드립니다.

상

급 반 :

성 명 :

이 학생은 한 학기 동안

이에 상장을 드립니다.

년   월   일

대표

고려대
재미있는
한국어 ③

말하기 Speaking

초판 발행	2020년 9월 25일
초판 2쇄	2022년 11월 25일
지은이	고려대학교 한국어센터
펴낸곳	고려대학교출판문화원
	www.kupress.com
	kupress@korea.ac.kr
	02841 서울특별시 성북구 안암로 145
	Tel 02-3290-4230, 4232
	Fax 02-923-6311
유통	한글파크
	www.sisabooks.com/hangeul
	book_korean@sisadream.com
	03017 서울시 종로구 자하문로 300 시사빌딩
	Tel 1588-1582
	Fax 0502-989-9592
일러스트	정회린, 황주리
편집디자인	한글파크
찍은곳	(주)동화인쇄
ISBN	979-11-90205-00-9 (세트)
	979-11-90205-92-4 04710

값 12,000원